PREPARAÇÃO AO SACRAMENTO DO
BATISMO

Pe. ANTONIO CARLOS VANIN BARREIRO, C.Ss.R.

PREPARAÇÃO AO SACRAMENTO DO
BATISMO

EDITORA
SANTUÁRIO

DIREÇÃO EDITORIAL:
Pe. Marcelo C. Araújo, C.Ss.R.

COORDENAÇÃO EDITORIAL:
Ana Lúcia de Castro Leite

COPIDESQUE:
Leila Cristina Dinis Fernandes

REVISÃO:
Luana Galvão

DIAGRAMAÇÃO E CAPA:
Mauricio Pereira

Dados Internacionais de Catalogação na Publicação (CIP)
(Câmara Brasileira do Livro, SP, Brasil)

Barreiro, Antonio Carlos Vanin
  Preparação ao sacramento do batismo / Antonio Carlos Vanin Barreiro.
– Aparecida, SP: Editora Santuário, 2014.

  ISBN 978-85-369-0333-0
  1. Batismo 2. Catequese – Igreja Católica 3. Sacramentos I. Título.

14-01839
CDD-234.161

Índices para catálogo sistemático:
1. Batismo: Sacramento: Cristianismo 234.161

2ª impressão

Todos os direitos reservados à **EDITORA SANTUÁRIO** – 2018

Rua Pe. Claro Monteiro, 342 – 12570-000 – Aparecida-SP
Tel.: 12 3104-2000 – Televendas: 0800 - 16 00 04
www.editorasantuario.com.br
vendas@editorasantuario.com.br

Introdução

Nas últimas décadas, os Encontros de Preparação para receber o Sacramento do Batismo têm sido uma prática pastoral assumida em quase todas as dioceses e paróquias do Brasil. As experiências são diversas. Algumas têm sido positivas, criando rico espaço de evangelização e acolhida das famílias que pedem o Batismo para seus filhos. Outras se reduzem a palestras que não favorecem a participação das pessoas, muitas vezes prolongadas e cansativas, marcadas por cobranças que acabam mais afastando que atraindo as famílias.

Além disso, muitas equipes da Pastoral do Batismo se ressentem da falta de subsídios para a realização de encontros que sejam, ao mesmo tempo, espaço de evangelização e oportunidade para acolher as famílias e celebrar com elas o dom da vida e a graça do Batismo.

A partir de minha experiência pastoral nessa área, realizada com as Equipes da Pastoral do Batismo na paróquia Senhor Santo Cristo, em Cidade Tiradentes-SP, e na paróquia Menino Jesus, em

Diadema-SP, apresento este roteiro de Encontros de Preparação ao Batismo. Além de oferecer os fundamentos teológicos para a compreensão do sacramento do Batismo, os encontros desenvolvem-se numa dinâmica orante e celebrativa, favorecendo o envolvimento e a participação dos pais, padrinhos e familiares. Organizado em quatro momentos, o roteiro pode ser feito num só ou mais encontros, de acordo com a realidade da paróquia ou comunidade:

1. Deus nos confiou uma vida.
2. Família: espaço de amor e fé.
3. Pelo Batismo fazemos parte da Igreja.
4. Os símbolos do Batismo.

Numa dinâmica participativa, o roteiro enfoca e valoriza no primeiro momento o dom e o cuidado pela nova vida que Deus confia aos pais. Depois se valoriza a família como espaço de amor e educação dos valores humanos e cristãos. O terceiro momento enfoca a importância da participação na Comunidade Cristã, para que a fé, qual semente bem plantada e cuidada, possa crescer no coração e na vida da criança até atingir a plena maturidade cristã. Por fim, o quarto momento procura revelar a riqueza dos símbolos batismais.

Partilhando essa experiência, espero contribuir com os milhares de agentes pastorais empenhados na Pastoral do Batismo. Costumamos dizer que esse sacramento é a porta de entrada na Igreja. Abrir essa porta, acolhendo com alegria as famílias que pedem o Batismo para seus filhos, é dom e graça que o Senhor nos confia!

O Autor

Ambiente e Material

O espaço da igreja ou local do encontro deve ser arrumado com gosto e carinho. A disposição dos bancos ou cadeiras deve favorecer a participação de todos. Em lugar visível, sobre um pano bonito e colorido, sejam colocados os símbolos do batismo: a cruz, a água, o óleo dos catecúmenos, o óleo do crisma, o círio pascal, a vela, a vestimenta branca, a bíblia, flores e uma imagem bonita e singela de Nossa Senhora. Pequenos cartazes, nos quais serão escritos os nomes das crianças, sejam também colocados sobre o pano.

Oração Inicial

Pelo Batismo somos mergulhados na vida da Santíssima Trindade

Animador: Queridos pais e padrinhos, sejam bem-vindos! Deus lhes concedeu a graça e a alegria de um filho(a)! Cuidem com amor dessa vida que Ele confiou a vocês! Pelo Batismo, seu(sua) filho(a) passará a fazer parte da Comunidade Cristã para seguir Jesus pela fé. É hora de celebrar e agradecer a Deus o dom da vida e a graça do Batismo! Vamos iniciar nosso encontro, invocando a Santíssima Trindade!

Todos (cantado): **Em nome do Pai, em nome do Filho, em nome do Espírito Santo estamos aqui (bis). Para louvar e agradecer, bendizer e adorar, estamos aqui, Senhor, ao teu dispor. Para louvar e agradecer, bendizer e adorar, te aclamar, Deus Trino de Amor!**

Animador: Louvemos a Deus pelo nascimento de nossos filhos!

Todos: Obrigado, Senhor, pela vida que o Senhor nos confiou!

Animador: Rezemos a Jesus, nosso Senhor e Salvador. Ele é o caminho, a verdade e a vida!

Todos: Jesus, nós te bendizemos pelo dom da fé e do Batismo!

Animador: Invoquemos o Espírito Santo. Que ele abra nossos corações para acolher com amor a Palavra de Deus!

Todos (cantado): **A nós descei, divina luz! A nós descei, divina luz! Em nossas almas acendei o amor, o amor de Jesus! O amor, o amor de Jesus!**

Primeiro momento

Deus nos confiou uma vida!

Animador: Todas as famílias se alegram com o nascimento de uma criança. Durante nove meses, seu nascimento é esperado com ansiedade. Os pais se emocionam ao tomá-la nos braços pela primeira vez. Os irmãozinhos, cheios de curiosidade, procuram tocar o neném. Os vizinhos querem saber se é menino ou menina e todos perguntam o nome que foi escolhido!

Todos: Louvemos a Deus pela vida que Ele nos confiou!

Animador: O nome é a nossa identidade. Deus conhece cada um de nós pelo nome. Vamos apresentar nossas crianças, dizendo seu nome e o motivo dessa escolha *(os pais apresentam os filhos, explicando a razão da escolha do nome; alguém da equipe da Pastoral do Batismo escreve num pequeno cartaz o nome de cada criança e o coloca junto dos símbolos do Batismo).*

Animador: Alguém gostaria de contar como foi a experiência da sua família quando nasceu seu(sua) filho(a)? *(Deixar falar.)*

Animador: Nenhuma criança nasce pronta. Ela nasce frágil e dependente. Deus a confia aos pais, que devem cercá-la de muito carinho e amor para que possa crescer saudável e feliz!

Todos: Obrigado, Senhor, pela vida que o Senhor nos confiou!

Animador: Toda criança precisa ser acompanhada nos primeiros anos de sua vida. Precisa aprender tudo, desde as coisas mais simples, como comer e andar, até os valores mais importantes, como o amor, a bondade, o respeito e a honestidade.

Todos: Cuidaremos com amor da vida que o Senhor nos confiou!

Animador: À medida que crescemos, todos nós temos de fazer uma escolha entre dois caminhos: o caminho do bem, do amor, da solidariedade e da vida, ou o caminho do mal, do ódio, da violência e da morte.

Todos: Felizes os que amam a Deus e seguem os seus caminhos!

Animador: Seguem o caminho do mal aqueles que vivem só para si, fechados no seu egoísmo, e se tornam indiferentes e insensíveis à dor e ao sofrimento dos outros!

Todos: Queremos seguir o caminho do bem!

Animador: Seguem o caminho do bem aqueles que acreditam em Deus e no amor, são sensíveis à dor e ao sofrimento dos outros, fazendo-se solidários com os mais pobres. Quem segue esse caminho, assemelha-se a Jesus, que passou por este mundo fazendo o bem a todos!

Todos: Queremos seguir o caminho de Jesus!

Escutando a Palavra de Deus

Animador: Vamos ler uma passagem da Bíblia que conta o nascimento de João Batista e a alegria que isso causou aos pais, Isabel e Zacarias, e a toda a vizinhança.

Leitor: Evangelho de Lucas 1,57-66.

Uma lição de vida

Animador: Martin Luther King foi um homem de bem. Ele morreu assassinado porque liderava a luta pelos direitos civis dos negros contra a segregação racial no seu país, os Estados Unidos. Certa vez ele fez um belo discurso no qual falava do grande sonho da sua vida:

Leitor: "Eu tenho um sonho! Que um dia minhas crianças viverão numa nação onde elas não serão julgadas pela cor da pele, mas pelo seu caráter. Eu tenho um sonho! Que um dia meninos negros e meninas negras poderão unir as mãos com meninos brancos e meninas brancas como irmãos e irmãs. Sonho em transformar as discórdias numa bela sinfonia de fraternidade. Sonho que seremos capazes de trabalhar juntos, rezar juntos, defender juntos a vida e a liberdade!"

Animador: Vamos conversar sobre a história de João Batista. Por que seu nascimento trouxe tanta alegria aos pais? Qual é o sonho que vocês têm para seus filhos? O que vocês desejam para eles? *(Deixar falar.)*

Animador: Vamos ouvir e meditar a prece de uma família (música "Ilumina", Pe. Zezinho).

Segundo momento

Família: Espaço de amor e de fé

Animador: Ninguém nasce nem vive sozinho. A pessoa humana cresce e se desenvolve na medida em que ela se relaciona com os outros, na medida em que ela é amada e aprende a amar.

Todos: Fomos criados para amar e ser amados!

Animador: Para uma criança crescer saudável e feliz, ela precisa do amor dos pais. A missão deles os pais é formar uma família que seja espaço de amor. Somente assim as crianças se sentirão amadas e aprenderão a amar.

Todos: Ajuda-nos, Senhor, a amar os nossos filhos!

Animador: Ser pai ou mãe não é apenas colocar filhos no mundo. A missão dos pais completa-se quando educam os filhos para os valores humanos: o amor, a bondade, o respeito, a honestidade e a verdade. Assim, os filhos saberão resistir à tentação da mentira, da desonestidade, da ganância, do ódio e da vingança.

Todos: Ajuda-nos, Senhor, a cumprir bem nossa missão de pais!

Animador: A família deve ser também o espaço da fé, onde o nome de Deus seja pronunciado com respeito e amor. É em casa que os filhos devem aprender a conhecer e amar a Deus.

Todos: Nossa família quer servir e amar a Deus!

Animador: É na família que as crianças devem aprender as primeiras orações. Onde os pais devem ensinar aos filhos os caminhos de Deus e os ensinamentos de Jesus pela leitura da Bíblia e dos Evangelhos.

Todos: Que tua Palavra, Senhor, seja luz em nossa vida!

Animador: Mais que ensinar, os pais devem ser exemplos de vida cristã para os filhos. De nada adiantaria mandar as crianças para a Igreja, se os pais não participam da vida da Comunidade. As palavras convencem, mas os exemplos arrastam.

Todos (cantado): Abençoa, Senhor, as famílias, amém! Abençoa, Senhor, a minha também! (bis)

Escutando a Palavra de Deus

Animador: Vamos ler uma passagem do Evangelho que nos mostra um pouquinho da vida da família de Nazaré, Jesus, Maria e José. Ouçamos!

Leitor: Evangelho de Lucas 2,41-52.

Uma lição de vida

Leitor: Teresa e José estão casados há quase 20 anos. Tiveram três filhos. José trabalha numa metalúrgica. A casa é simples, mas arrumada com gosto e carinho. Na família reina um clima de tranquilidade e amor. As crianças estão matriculadas na catequese da paróquia e todos os domingos eles vão à igreja. No dia de Natal, as crianças ganharam alguns pacotes de balas e bombons. Dona Teresa disse aos filhos: "Estes doces são um presente do papai e da mamãe. Mas não se esqueçam dos seus coleguinhas que moram aí na frente! Não seria bom repartir com eles?" E apontou a casa da frente, onde morava uma família pobre, com várias crianças, que havia chegado há pouco do interior.

Animador: Vamos conversar sobre o que escutamos dessas duas famílias. Como vocês acham que era a vida na casa de Maria e José, em Nazaré? O que acharam da atitude de Dona Teresa? *(Deixar falar.)*

Animador: Vamos ouvir e meditar uma música que fala da beleza de uma família onde existe amor e fé (música "Utopia", Pe. Zezinho).

Terceiro momento

Pelo Batismo fazemos parte da Igreja

Animador: Durante sua vida, Jesus reuniu ao redor de si homens e mulheres que acolheram seus ensinamentos e se encantaram com sua pessoa e sua proposta de vida. Assim se formou a comunidade dos discípulos de Jesus.

Todos: A Igreja é a família de Jesus!

Animador: Pelo Batismo, começamos a fazer parte da Igreja. A Comunidade Cristã é formada por pessoas que querem seguir o caminho de Jesus. E ele nos deixou o seu mandamento maior: "Amai-vos uns aos outros como eu vos amei! Nisto todos conhecerão que sois meus discípulos: se vos amardes uns aos outros!" (Jo 13,34-35).

Todos: "Amai-vos uns aos outros como eu vos amei!"

Animador: Todos os domingos, a Comunidade cristã se reúne para celebrar a Eucaristia, fazendo memória da Última Ceia de Jesus com seus discípulos antes de sua morte. Lendo e meditando a Palavra de Deus, buscamos seguir com fidelidade o caminho que Jesus nos ensinou e lutar juntos por um mundo mais humano, justo e fraterno.

Todos: Obrigado, Senhor, pelo dom da fé e do Batismo!

Escutando a Palavra de Deus

Animador: Vamos ler uma passagem do Evangelho. Nela podemos entender o significado do Batismo.

Leitor: Evangelho de João 15,1-5.

Uma lição de vida

Leitor: João e Tonico eram velhos amigos. Certo dia, João foi fazer uma visita ao amigo e comentou: "Compadre Tonico, eu não tenho visto você em nossa comunidade, nas rezas e nas missas. O que anda acontecendo, amigo?" Tonico pensou uns instantes e respondeu: "Estou perdendo o gosto de ir à igreja, compadre. Ultimamente ando preferindo rezar em casa mesmo..."

Enquanto o amigo falava, João pegou um tição para acender o cigarro de palha e se esqueceu de devolver a lenha ao fogo. Quando o amigo acabou de falar, ele comentou: "De fato, compadre, às vezes a gente fica meio desanimado. Mas é por isso mesmo que a gente não pode abandonar as missas e as reuniões!"

Nisso, o cigarro do João se apagou. Quando ele apanhou o tição para acendê-lo novamente, falou surpreso: "Ué! Agora mesmo esse tição estava aceso!"

Tonico riu e brincou: "Mas também, compadre! Você deixou o tição longe do fogo! Desse jeito só podia apagar mesmo!"

"Aí está, compadre!", falou João. "Isso é uma grande lição para nós. Tição fora do braseiro apaga. Cristão longe da comunidade esfria e perde a fé!"

Animador: Vamos conversar! O que acharam da história do João e do Tonico? O que Jesus falou no Evangelho tem a ver com o Batismo de seu(sua) filho(a)? *(Deixar falar.)*

"Eu sou o tronco da videira e vós os ramos."
(Jo 15,5)

Quarto momento

Os símbolos do Batismo

Ao se falar de cada símbolo, pedir que um dos participantes o apresente aos demais.

Animador: Em nossa Igreja, a celebração do Batismo é rica de simbolismos. Usamos gestos, palavras e sinais, como a água, o óleo, a luz, a veste branca. A celebração do Batismo começa lembrando que o nascimento de uma criança é dom de Deus e que Ele conhece cada um de nós pelo nome. Daí, a importância do nome que escolhemos para nossos(as) filhos(as). Depois o padre acolhe as crianças que vão ser batizadas com o sinal da cruz na fronte. Olhemos para a cruz. Ela lembra o amor de Jesus que entregou a vida pela nossa salvação. Hoje, muita gente faz tatuagem no corpo. Nós também temos uma marca, que nos distingue e identifica: é a cruz de Jesus! Somos seus discípulos!

Todos: Pela cruz de Jesus fomos salvos e libertos!

Animador: Vejamos o óleo dos catecúmenos, isto é, daqueles que se preparam para receber o Batismo. Com ele se unge o peito da criança. Esta unção nos faz lembrar a preparação dos atletas que, nos tempos antigos, corriam nos estádios. Eles eram massageados com óleo para vencerem a corrida. A unção com o óleo dos catecúmenos significa a graça de Deus para resistir ao mal e perseverar no bem ao longo da nossa vida.

Todos: Queremos seguir o caminho de Jesus!

Animador: Vejamos agora a água. "Batizar" é uma palavra da língua grega que significa "mergulhar". No Batismo somos mergulhados na água. Esse gesto é rico de significado, como explicava o apóstolo São Paulo. Ser mergulhado na água batismal significa morrer para o pecado e o mal. Ao sermos retirados da água, somos chamados a viver uma vida nova, pela prática do bem e do amor para com todos.

Todos: Pelo batismo renascemos para uma vida nova!

Animador: Ao sermos mergulhados na água, o padre diz: "Eu te batizo em nome do Pai, do Filho e do Espírito Santo!" Somos batizados em nome

das três pessoas divinas, isto é, somos mergulhados em Deus. Toda a nossa existência será tomada
pelo amor de Deus.

**Todos: Pelo Batismo fazemos parte da Igreja,
o Povo de Deus!**

Animador: Depois de batizada na água, a
criança é ungida na fronte com o óleo do crisma.
Esta unção simboliza a escolha de Deus, que nos
chama a fazer parte do seu Povo. Esse óleo é per-
fumado. Pela prática do bem, somos chamados a
perfumar nossa vida e a vida daqueles que convi-
vem conosco, a fazer deste mundo um lugar bom
de viver.

**Todos: Pelo Batismo somos chamados a cons-
truir um mundo mais humano, justo e fraterno!**

Animador: Vejamos agora o significado da veste branca. Nos primeiros tempos da Igreja, depois
de serem batizadas, as pessoas eram revestidas
com uma túnica branca. A veste branca significa
que, pelo Batismo, somos revestidos de Cristo. A
prática do bem, do amor e da justiça deve fazer
brilhar em nós a glória de Deus!

**Todos: Pelo Batismo, somos testemunhas de
Jesus!**

O Círio Pascal – Jesus é a luz!

Animador: Contemplemos a luz do círio pascal. Esta grande vela, que traz a marca da cruz, lembra-nos Jesus. Somente ele é capaz de iluminar a vida humana. Foi ele mesmo quem disse:

Todos: **"Eu sou a luz do mundo. Quem me segue, não andará nas trevas, mas terá a luz da vida!" (Jo 8,12).**

Animador: Acendendo a vela no círio pascal, queremos que Jesus ilumine nossa vida. Pela fé e pela prática do bem, devemos ser luz diante dos outros, como Jesus nos pediu:

Todos: "Que a vossa luz brilhe diante de todos, para que, vendo vossas boas obras, glorifiquem o Pai que está nos céus!" (Mt 5,16).

Animador: E o apóstolo São Paulo escreveu assim aos cristãos da comunidade de Éfeso:

Todos: "Outrora éreis trevas, agora sois luz no Senhor! Andai como filhos da luz!" (Ef 5, 8).

Animador: No Batismo de uma criança, quem recebe a vela acesa são os padrinhos. Isso tem um significado importante. Até a criança se tornar adulta, os responsáveis pelo crescimento da fé da criança, além dos pais, são os padrinhos. Ser padrinho ou madrinha é ser pai e mãe na geração da fé de seus afilhados. É por isso que os padrinhos têm de ser bem escolhidos. Têm de ser participantes da comunidade cristã e testemunhas de fé para o(a) afilhado(a), cuidando de sua educação religiosa. Além disso, os padrinhos devem ser para seu(sua) afilhado(a) exemplos de vida reta, justa e honesta.

Todos: Padrinhos e madrinhas são nossos pais e mães na fé!

Animador: No Batismo, passamos a professar a fé dos apóstolos e de todos aqueles que, ao longo dos séculos, em todos os povos e nações, creram em Jesus. Essa é a beleza da nossa Igreja: na diversidade das línguas, raças e culturas, professamos uma só fé, um só Senhor, um só Batismo! Na celebração do Batismo, ao renovar a sua profissão de fé, os pais e padrinhos se comprometem a ensinar essa mesma fé para seus filhos e afilhados. Vamos então renovar a nossa profissão de fé!

Todos: Creio em Deus Pai...

Animador: O "Pai-nosso" é a oração da comunidade cristã. Foi Jesus mesmo quem a ensinou a seus discípulos! Pelo Batismo, nossas crianças fazem parte da Igreja e, pela boca dos pais e padrinhos, já rezam com a comunidade cristã. Vamos rezar juntos!

Todos: Pai nosso...

Animador: Costumamos encerrar a celebração do Batismo fazendo a consagração das crianças a Nossa Senhora. Ela é mãe de Jesus e nossa mãe. Desde já confiemos nossos filhos à maternal proteção de Nossa Senhora, rezando juntos:

Todos: Ave, Maria...

Nossa Senhora, mãe de Jesus e nossa mãe

Animador: Encerrando nosso encontro, vamos nos despedir desejando a paz uns aos outros. Todos nós fomos agraciados por Deus com o dom de uma nova vida e a graça da fé e do Batismo.

Celebração do Batismo

I. Ritos de acolhida
(As crianças sejam batizadas em celebração comunitária, quanto possível, no domingo, dia em que as comunidades cristãs reúnem-se para fazer memória da ressurreição de Jesus.)

Apresentação das crianças
Celebrante: Queridos pais e mães, vocês transmitiram a vida a estas crianças e as receberam como um dom de Deus. Cada uma destas crianças é uma bênção de Deus para a humanidade. Assim como Jesus acolhia as crianças, também quero, em nome da comunidade, receber seus filhos e filhas. Que nome vocês escolheram para elas?

(Os pais apresentam a criança à comunidade, dizendo o nome. Se for oportuno, ao final de cada apresentação, pode-se bater palmas e repetir a seguinte aclamação:)

Todos: Bendito seja Deus para sempre!

Celebrante: Queridos pais e mães, que pedem à Igreja de Deus para seus filhos e filhas?

(Quem preside convida pais e mães a dizer com suas próprias palavras o que estão pedindo à Igreja. Acolhe as respostas apresentadas e, se for necessário, liga-as com o sentido do batismo.)

Celebrante: Pelo batismo estas crianças vão fazer parte da Igreja. Vocês querem ajudá-las a crescer na fé, observando os mandamentos e vivendo na comunidade dos seguidores de Jesus?

Pais e mães: Sim, queremos!

Celebrante: Padrinhos e madrinhas, vocês estão dispostos a colaborar com os pais em sua missão?

Padrinhos e madrinhas: Sim, estamos!

Celebrante: E todos vocês, queridos irmãos e irmãs aqui reunidos, querem ser uma comunidade de fé e de amor para estas crianças?

Todos: Sim, queremos.

Acolhida com o sinal da cruz

Celebrante: Nosso sinal é a cruz de Cristo. Por isso, como gesto de acolhida na comunidade cristã, vamos marcar estas crianças com o sinal do Cristo Salvador.

(O sinal da cruz na fronte das crianças é feito por quem preside, pelos pais e mães, padrinhos e madrinhas e, eventualmente, por algumas pessoas da comunidade. Pode-se cantar um canto apropriado, enquanto se procede a assinalação. Ao final, quem preside conclui com a oração.)

Celebrante: Ó Deus, por vosso amor, participamos do mistério da paixão e ressurreição de vosso Filho Jesus Cristo. Fortalecei-nos no Espírito Santo para que caminhemos na vida nova. Por Cristo, nosso Senhor.

Todos: Amém.

II. Liturgia da Palavra

(A escuta da Palavra pode ser precedida de um refrão ou de um canto apropriado. Pode-se também fazer a entrada da Bíblia de acordo com os costumes locais.)

Leitor: Leitura da Carta de São Paulo aos Romanos *(Rm 6,3-5)*

"Sepultados com Cristo pelo batismo, levemos uma vida nova."

Irmãos, será que ignorais que todos nós, batizados em Jesus Cristo, é na sua morte que fomos batizados? Pelo batismo na sua morte, fomos sepultados com Ele, para que, como Cristo ressuscitou dos mortos pela glória do Pai, assim também nós levemos uma vida nova. Pois, se fomos de certo modo identificados a Jesus Cristo por uma morte semelhante à sua, seremos semelhantes a ele também pela ressurreição. Palavra do Senhor!
Todos: Graças a Deus!

Salmo Responsorial (Sl 8)
Todos: Ó Senhor, nosso Deus, como é grande vosso nome por todo o universo!

– Contemplando estes céus que plasmastes e formastes com dedos de artista; vendo a lua e estrelas brilhantes, perguntamos: "Senhor, que é o homem, para dele assim vos lembrardes e o tratardes com tanto carinho?"

Todos: Ó Senhor, nosso Deus, como é grande vosso nome por todo o universo!

– Pouco abaixo de Deus o fizestes, coroando-o de glória e esplendor; vós lhe destes poder sobre tudo, vossas obras aos pés lhe pusestes; as ovelhas, os bois, os rebanhos, todo o gado e as feras da mata; passarinhos e peixes dos mares, todo ser que se move nas águas.

Todos: Ó Senhor, nosso Deus, como é grande vosso nome por todo o universo!

Aclamação ao Evangelho

Todos: Aleluia! Aleluia! Aleluia!

Leitor: "Quem fica unido a mim, e eu a ele, dará muito fruto"

Todos: Aleluia! Aleluia! Aleluia!

Celebrante: O Senhor esteja convosco!

Todos: Ele está no meio de nós!

Celebrante: Proclamação do Evangelho de Jesus Cristo segundo João *(Jo 15,1-5)*

Naquele tempo disse Jesus aos seus discípulos: "Eu sou a verdadeira videira, e meu Pai é o agricultor. Todo ramo que não dá fruto em mim, o Pai o corta. Os ramos que dão fruto, ele os poda para que deem mais fruto ainda. Vocês já estão limpos por causa da palavra que eu lhes falei. Fiquem unidos a mim, e eu ficarei unido a vocês. O ramo que não fica unido à videira não pode dar fruto. Vocês também não poderão dar fruto, se não ficarem unidos a mim. Eu sou a videira, e vocês são os ramos. Quem fica unido a mim, e eu a ele, dará muito fruto, porque sem mim vocês não podem fazer nada. Palavra da salvação!

Todos: Glória a vós, Senhor!

Homilia
(Quem preside faz breve homilia, aprofundando o mistério do batismo a partir da palavra proclamada, procurando evidenciar a relação existente entre a vida das pessoas e os apelos do Senhor.)

Oração dos fiéis
Celebrante: Irmãos e irmãs, invoquemos a Jesus que, por sua morte e ressurreição, nos concedeu o dom da vida nova no batismo!

– Senhor Jesus, dai a estas crianças renascer para a vida nova!

Todos: Senhor, escutai a nossa prece!

– Senhor Jesus, fazei que estas crianças sejam seguidoras do vosso caminho!

– Senhor Jesus, iluminai estas crianças a fim de que sejam luz para seus parentes e amigos!

– Senhor Jesus, fazei que todas as crianças tenham casa, pão, educação e saúde!

– Senhor Jesus, abençoai os pais e padrinhos destas crianças a fim de que sejam para elas testemunhas de uma fé autêntica!

– Senhor Jesus, sustentai nossa comunidade na vivência do amor e no serviço a todos!

– Senhor Jesus, dai-nos a alegria de viver a graça do nosso batismo!

Invocação dos santos

– Santa Maria, Mãe de Deus, **rogai por nós!**

– São João Batista, **rogai por nós!**

– São José, **rogai por nós!**

– São José de Anchieta, **rogai por nós!**

– São Pedro e São Paulo, **rogai por nós!**

– São Francisco de Assis, **rogai por nós!**

– Santa Paulina, **rogai por nós!**

– Santo Antonio de Sant'Ana Galvão, **rogai por nós!**

– Todos os santos e santas de Deus, **rogai por nós!**

(Quem preside, os pais e as mães, os padrinhos e as madrinhas impõem as mãos sobre a cabeça das crianças e fazem uma oração em silêncio. Após alguns instantes, quem preside reza com as mãos estendidas:)

Celebrante: Ó Pai, Senhor da vida, enviastes vosso Filho ao mundo para nos libertar da escravidão do pecado e da morte. Lembrai-vos destas crianças que deverão enfrentar muitas vezes as tentações do mal. Libertai-as do poder das trevas. Dai-lhes a força de Cristo e a luz do vosso Espírito, para que, livres do pecado original, vivam sempre como vossos filhos e filhas no seguimento de Jesus, que vive e reina para sempre, na unidade do Espírito Santo.

Todos: Amém.

Unção pré-batismal
(Apresenta-se a todos o recipiente com o óleo dos catecúmenos e, em seguida, quem preside reza a seguinte ação de graças:)

Celebrante: Bendito sejais vós, Senhor Deus, porque, no vosso imenso amor, criastes o mundo para nossa habitação.

Todos: Bendito seja Deus para sempre!

Celebrante: Bendito sejais vós, Senhor Deus, porque criastes a oliveira, cujos ramos anunciaram o final do dilúvio e o surgimento de uma nova humanidade.

Todos: Bendito seja Deus para sempre!

Celebrante: Bendito sejais vós, Senhor Deus, porque, através do óleo, fruto da oliveira, fortaleceis vosso povo para o combate da fé.

Todos: Bendito seja Deus para sempre!

(Se o óleo não estiver bento e quem preside for sacerdote, diz:)

Celebrante: Ó Deus, proteção de vosso povo, que fizestes do óleo, vossa criatura, um sinal de fortaleza, abençoai † este óleo e concedei a estas crianças a força, a sabedoria e as virtudes divinas, para que sigam o caminho do Evangelho de Jesus, tornem-se generosas no serviço do Reino e, dignas da adoção filial, alegrem-se por terem renascido no batismo e pertencerem à vossa Igreja. Por Cristo, nosso Senhor.

Todos: Amém.

(Quem preside diz:)
Celebrante: O Cristo Salvador lhes dê sua força. Que ela penetre em suas vidas como este óleo em seus peitos.

(Quem preside toma nas mãos o óleo dos catecúmenos e unge o peito de cada criança.)

III. Liturgia Sacramental

Oração sobre a água
(Convém que, em todas as igrejas, onde se fazem habitualmente batismos, haja uma pia batismal fixa ou fonte batismal de onde possa jorrar ou correr água. A água pode ser levada para a pia batismal acompanhada com cantos e danças.
Quem preside, com estas ou outras palavras, convida para a oração de bênção sobre a água:)

Celebrante: Meus irmãos e minhas irmãs, sabemos que Deus quis servir-se da água para dar sua vida aos que creem. Unamos nossos corações, suplicando ao Senhor que derrame sua graça sobre os seus escolhidos.

(Quando a água deve ser abençoada, quem preside, após um tempo de silêncio, reza:)

Celebrante: Ó Deus, pelos sinais visíveis dos sacramentos realizais maravilhas invisíveis. Ao longo da história da salvação vós vos servistes da água para fazer-nos conhecer a graça do batismo. Já na origem do mundo vosso Espírito pairava sobre as águas para que elas concebessem a força de santificar.

Todos: Fontes do Senhor, bendizei o Senhor!

Celebrante: Nas águas do dilúvio, prefigurastes o nascimento da nova humanidade, de modo que a mesma água sepultasse os vícios e fizesse nascer a santidade. Concedestes aos filhos de Abraão atravessar o mar Vermelho a pé enxuto para que, livres da escravidão, prefigurassem o povo nascido na água do batismo.

Todos: Fontes do Senhor, bendizei o Senhor!

Celebrante: Vosso Filho, ao ser batizado nas águas do Jordão, foi ungido pelo Espírito Santo. Pendente da cruz, do seu coração aberto pela lança, fez correr sangue e água. Após sua ressurreição, ordenou aos apóstolos: "Ide, fazei todos os povos discípulos meus batizando-os em nome do Pai, e do Filho, e do Espírito Santo".

Todos: Fontes do Senhor, bendizei o Senhor!

Celebrante: Olhai agora, ó Pai, a vossa Igreja e fazei brotar para ela a água do batismo. Que o Espírito Santo dê por esta água a graça de Cristo, a fim de que homem e mulher, criados à vossa imagem, sejam lavados da antiga culpa pelo batismo e renasçam pela água e pelo Espírito Santo para uma vida nova.

(Quem preside toca na água ou mergulha o círio pascal, dizendo:)

Celebrante: Nós vos pedimos, ó Pai, que por vosso Filho desça sobre esta água a força do Espírito Santo. E todos os que, pelo batismo, forem sepultados na morte com Cristo, ressuscitem com ele para a vida. Por Cristo, nosso Senhor.

Todos: Amém.

Promessas do batismo

Celebrante: Queridos pais e padrinhos, o amor de Deus vai infundir nestas crianças uma vida nova, nascida da água pelo poder do Espírito Santo. Se vocês estão dispostos a educá-las na fé, renovem agora suas promessas batismais:

– Para educar estas crianças na liberdade dos filhos e filhas de Deus, vocês renunciam à escravidão do pecado e a toda opressão?

Pais e padrinhos: Renuncio.

– Para criar estas crianças num mundo de paz e fraternidade, vocês renunciam ao egoísmo e à injustiça?

Pais e padrinhos: Renuncio.

– Para conduzir estas crianças no caminho de Jesus, vocês renunciam às ilusões deste mundo e às tentações do espírito maligno?

Pais e padrinhos: Renuncio.

(Quem preside convida pais e padrinhos a proclamar a fé da Igreja. Pode-se sugerir um gesto nas respostas, como: levantar a mão ou pousá-la sobre o peito ou estendê-la em direção ao círio pascal.)

– Vocês creem em Deus Pai, que criou o céu e a terra, fez homem e mulher à sua imagem e semelhança e nos entregou o mundo para que cuidemos dele e vivamos na paz?

Pais e padrinhos: Creio.

– Vocês creem em Jesus Cristo, Filho único de Deus, que foi concebido pelo poder do Espírito Santo, nasceu da Virgem Maria, se fez nosso irmão, deu sua vida por nós, ressuscitou e está junto do Pai?

Pais e padrinhos: Creio.

– Vocês creem no Espírito Santo, que nos reúne na comunhão da Igreja, nos comunica o perdão dos pecados e nos garante a ressurreição da carne e a vida eterna?

Pais e padrinhos: Creio.

Celebrante: Esta é a nossa fé, que da Igreja recebemos e sinceramente professamos, razão de nossa alegria em Cristo, nosso Senhor.

Todos: Demos graças a Deus!

Batismo

(Cada família aproxima-se da água batismal. Quem preside, citando o nome da criança, pergunta aos pais e padrinhos:)

– Vocês querem que seu filho(a) seja batizado(a) na fé da Igreja que acabamos de professar?

Pais e padrinhos: Queremos.

(Quem preside batiza a criança, dizendo:)

N., EU TE BATIZO EM NOME DO PAI, *(derrama a água pela primeira vez)* E DO FILHO, *(derrama a água pela segunda vez)* E DO ESPÍRITO SANTO. *(Derrama a água pela terceira vez.)*

(A assembleia pode manifestar sua alegria com uma salva de palmas. A família acolhe o neobatizado com um beijo ou outro gesto de afeição.

Concluído o batismo de todas as crianças, pode-se realizar o rito de aspersão da assembleia. Enquanto isso, canta-se um hino ou um salmo apropriado.)

IV. Ritos Complementares

Unção pós-batismal

Celebrante: Queridas crianças, que o Espírito Santo as consagre com este óleo, para que participem da missão do Cristo, sacerdote, profeta e rei.

Agora que vocês fazem parte do povo de Deus, sigam os passos de Jesus e permaneçam nele para sempre.

Todos: Amém.

(Quem preside unge, em silêncio, a cabeça de cada criança com o óleo do crisma.)

Veste batismal

(As crianças serão revestidas com a roupa branca ou de outra cor, segundo a sensibilidade e os costumes locais. Ou faça-se uma alusão à veste que já estão usando.)

Celebrante: Queridas crianças, vocês nasceram de novo e se revestiram do Cristo; por isso, trazem a veste batismal. Que seus pais e padrinhos os ajudem por sua palavra e exemplo a conservar a dignidade de filhos e filhas de Deus até a vida eterna.

Todos: Amém.

Rito da luz

(Quem preside apresenta o círio pascal e diz:)
Celebrante: Recebam a luz de Cristo.
Todos: Demos graças a Deus!

(O pai, ou, na sua ausência, o padrinho, acende a vela no círio pascal. Quem preside acrescenta:)

Celebrante: Queridas crianças, vocês foram iluminadas por Cristo para se tornarem luz do mundo. Com a ajuda de seus pais e padrinhos, caminhem como filhos e filhas da luz.

Todos: Amém.

V. Ritos Finais

Oração do Senhor

(Se o espaço permitir, faz-se uma procissão para o altar, levando-se acesas as velas dos neófitos e cantando um cântico batismal.)

Celebrante: Estas crianças que foram batizadas são chamadas, em Cristo, a viver plenamente como filhos e filhas de Deus Pai. Para isso, elas precisam também ser fortalecidas pelo Espírito Santo no sacramento da Confirmação e alimentadas pela Eucaristia na Ceia do Senhor. Agora, ao redor desta Mesa, unidos no Espírito, rezemos a oração que o Senhor nos ensinou:

– Pai nosso, que estais nos céus...

Bênção das Mães

(Quem preside abençoa as mães com seus filhos, os pais e todos os presentes:)

Celebrante: Ó Deus de bondade, abençoai as mães destas crianças, para que sejam felizes vendo seus filhos crescer em idade, sabedoria e graça em Cristo Jesus, nosso Senhor.

Todos: Amém.

Celebrante: Ó Deus de amor, abençoai os pais destas crianças, a fim de que, unidos às suas esposas, tenham a alegria de oferecer condições de vida digna para seus filhos e o incentivo da fé, em Cristo Jesus, nosso Senhor.

Todos: Amém.

Celebrante: Ó Deus da vida, abençoai os padrinhos e as madrinhas destas crianças, para que sejam membros vivos do vosso povo, e concedei-lhes sempre a vossa paz, em Cristo Jesus, nosso Senhor.

Todos: Amém.

Celebrante: Desça sobre todos aqui reunidos a bênção do Deus rico em misericórdia: Pai, e Filho, e Espírito Santo.

Todos: Amém.

(Onde parecer oportuno, os pais e os padrinhos abençoam seus filhos e afilhados que foram batizados. Quem preside diz, com estas ou outras palavras:)

Celebrante: Com a bênção que de Deus receberam, abençoem agora os seus filhos e afilhados.

Consagração a Nossa Senhora
(Onde for costume, no final da celebração, pode realizar-se um ato de devoção a Maria, confiando à sua proteção a vida e a fé das crianças.)

Celebrante: Neste dia, em que estas crianças entram na Igreja pelo santo batismo, vamos confiá-las à especial proteção de Maria, Mãe de Deus e dos discípulos de Jesus.

(Todos rezam em silêncio.)

Celebrante: Maria, Mãe de Jesus, companheira de nossa caminhada, sempre fiel ao projeto do Pai, a vós confiamos estas crianças. Conduzidas pelo

Espírito, sejam fiéis ao Evangelho, cresçam em sabedoria, idade e graça na Igreja e diante de Deus.

Todos: **Amém.**

(Conclui-se com a oração da "Ave, Maria" ou canto a Nossa Senhora.)

Despedida

(Quem preside despede a assembleia com palavras espontâneas, convidando todos a darem-se o abraço da paz:)

Celebrante: Ide em paz e o Senhor vos acompanhe.

Todos: **Graças a Deus.**

ÍNDICE

Introdução 5

Ambiente e material 8

Oração inicial 9

Primeiro momento:
Deus nos confiou uma vida! 11

Segundo momento:
Família: Espaço de amor e de fé 17

Terceiro momento:
Pelo Batismo fazemos parte da Igreja 21

Quarto momento:
Os símbolos do Batismo 27

Celebração do Batismo 35

A marca FSC® é a garantia de que a madeira utilizada na fabricação do papel deste livro provém de florestas que foram gerenciadas de maneira ambientalmente correta, socialmente justa e economicamente viável.

Este livro foi composto com as famílias tipográficas Calibri e Optima e impresso em papel Offset 75g/m² pela **Gráfica Santuário.**